français

Berlitz Languages, Inc.
Princeton, NJ
USA

Copyright© 1997 Berlitz Languages, Inc.

All rights reserved. No part of this book may be reproduced or transmitted in any form or by any means, electronic or mechanical, including photocopying, recording or by any information storage and retrieval system without permission in writing from the Publisher.

Berlitz Languages, Inc. and its affiliates are the sole proprietors of the name Berlitz in connection with language instruction, language textbooks, language tapes and cassettes, and language schools throughout the world. The use of the name Berlitz in such connection is hereby specifically prohibited unless formally authorized by contract with Berlitz. The purchase or repurchase of this book or any other Berlitz publication in no way entitles the purchaser or any other person to the use of the name Berlitz in connection with the teaching of languages.

Berlitz Trademark Reg. U.S. Patent Office and other countries
Marca Registrada

Cover Photo: Images© 1996 PhotoDisc. Inc.

ISBN 2-8315-5391-X

First Printing
Printed in Switzerland – February 1997

For use exclusively in connection with Berlitz classroom instruction.

Berlitz Languages, Inc.
400 Alexander Park
Princeton, NJ
USA

TABLE DES MATIÈRES

PRÉFACE

Ce fascicule servira de supplément au programme de français pour les élèves des niveaux 1 à 4. Il a pour but de présenter des situations et du vocabulaire empruntés au monde des affaires.

L'étude de ce supplément commencera à la fin du chapitre 7 (niveau 2) du programme.

Chacun des 18 chapitres suivants comporte :

- une liste du vocabulaire propre au supplément, ainsi que des mots et expressions qui apparaîtront ultérieurement dans le Manuel du professeur

- un texte composé d'une courte narration et d'un dialogue

- des questions de compréhension portant sur le texte

- un exercice de vocabulaire, d'expressions idiomatiques ou de grammaire

Nous espérons que les élèves trouveront dans notre *Supplément commercial* un complément utile au programme de français.

CHAPITRE

1

Vocabulaire

rendez-vous *(m.)*

P.-D.G. *(m.)*

produire

photocopieur *(m.)*

télécopieur *(m.)*

réceptionniste *(m. / f.)*

patienter

téléphoner

Expression

« Voulez-vous vous asseoir ? »

UN RENDEZ-VOUS À LA SOCIÉTÉ PROLAB

Alain Perrault est le P.-D.G. de la société Eurotech à Évry, près de Paris. Eurotech produit des photocopieurs et des télécopieurs.

Aujourd'hui, M. Perrault n'est pas au bureau. Il est à Lyon où il a un rendez-vous à la société Prolab. Il arrive devant le bureau de la réceptionniste.

La réceptionniste :	Bonjour, monsieur.
M. Perrault :	Bonjour, madame. J'ai rendez-vous avec M. Lagarde.
La réceptionniste :	Vous êtes Monsieur … ?
M. Perrault :	Perrault, de la société Eurotech.
La réceptionniste :	À quelle heure avez-vous rendez-vous, M. Perrault ?
M. Perrault :	À neuf heures.
La réceptionniste :	Si vous voulez bien patienter un instant, je vais dire à M. Lagarde que vous êtes là.
M. Perrault :	Merci, madame.

La réceptionniste téléphone à la secrétaire de M. Lagarde.

La secrétaire :	Allô, oui ?

La réceptionniste : M. Perrault est ici pour voir M. Lagarde.

La secrétaire : Ah, très bien. Dites à M. Perrault que M. Lagarde descend dans une minute.

La réceptionniste : M. Perrault, M. Lagarde arrive dans quelques minutes. Voulez-vous vous asseoir ?

M. Perrault : Oui, merci.

EXERCICE 1

1. _____ produit des télécopieurs.

   a) La société Prolab
   b) Eurotech
   c) M. Lagarde

2. M. Perrault a rendez-vous avec _____.

   a) M. Lagarde de la société Prolab
   b) la secrétaire de M. Lagarde
   c) le P.-D.G. d'Eurotech

3. _____ la secrétaire de M. Lagarde.

   a) M. Perrault attend
   b) M. Perrault appelle
   c) La réceptionniste parle à

4. M. Perrault _____.

   a) attend M. Lagarde
   b) va dans le bureau de M. Lagarde
   c) va voir la secrétaire de M. Lagarde dans quelques minutes

EXERCICE 2

Exemple : La conférence __*finit*__ à 18h. On ne peut pas partir avant la **fin**.

1. Quand vous arrivez à la **réception**, demandez à la _____ où est le bureau de M. Mercier.

2. M. Perrault va **visiter** les bureaux de Prolab. Il va faire la _____ avec M. Lagarde.

3. Le lundi est toujours une _____ très longue pour moi. C'est le **jour** des rendez-vous avec les clients.

4. Nous allons _____ samedi matin parce que nous avons beaucoup de **travail**.

5. Quand allez-vous _____ à la lettre de M. Lagarde ?
   – Je vais lui écrire une **réponse** aujourd'hui.

6. Mon télécopieur est **lent**. Le papier sort toujours très _____ de la machine.

7. Cette société va maintenant _____ des lampes. La **production** va commencer cette semaine.

8. Daniel veut acheter un petit _____ pour son bureau à la maison. Il doit souvent faire des **photocopies**.

9. Si vous voulez des **explications**, demandez à M. Limon de vous _____ la situation. Il comprend bien le problème.

10. M. Pichon est très **impatient**. Quand on lui demande de _____ quelques minutes, il dit toujours qu'il ne peut pas.

CHAPITRE 2

Vocabulaire

rencontre *(f.)*

ancien

quitter

rencontrer

pendant

année *(f.)*

promotion *(f.)*

mois *(m.)*

mutation *(f.)*

responsabilité *(f.)*

prendre la direction

département *(m.)*

vente *(f.)*

région *(f.)*

sud-ouest *(m.)*

content

changement *(m.)*

nouveau

Expressions

« Quelle surprise ! »

« C'est formidable ! »

« Félicitations ! »

« Je m'excuse. »

« Bon courage ! »

UNE RENCONTRE D'ANCIENS COLLÈGUES

Il est midi et demi et Nathalie Picard, directrice de la production à Eurotech, quitte son bureau pour aller déjeuner. Dans la rue, elle rencontre Philippe Lambert. Mme Picard et M. Lambert ont travaillé ensemble pendant quatre ans à la société Ultratel.

Mme Picard : Philippe ! Quelle surprise ! Comment allez-vous ?

M. Lambert : Nathalie ! Bonjour ! Je vais bien, merci. Alors, tout va bien à Eurotech ?

Mme Picard : Oui, oui. Vous savez, c'est bientôt ma cinquième année. Et vous, comment ça va votre travail ?

M. Lambert : Très bien ! J'ai eu une promotion le mois dernier et j'attends maintenant ma mutation pour Bordeaux.

Mme Picard : C'est formidable ! Mais ça veut dire plus de responsabilités, alors ?

M. Lambert : Oui, je vais prendre la direction du département des ventes pour la région du sud-ouest.

Mme Picard : Félicitations !

M. Lambert : Merci. Je suis très content de ce changement.

Mme Picard : Écoutez, je m'excuse, mais il est presque une heure moins le quart et une amie m'attend au restaurant. Bon courage dans votre nouveau travail !

M. Lambert : Merci ! Au revoir !

EXERCICE 3

1. Mme Picard _____.

    a) est directrice de la société Eurotech
    b) quitte Eurotech pour aller déjeuner
    c) travaille pour la société Ultratel

2. M. Lambert _____ avec Mme Picard.

    a) parle
    b) travaille
    c) va déjeuner

3. _____ pour Eurotech.

    a) M. Lambert ne sait pas que Mme Picard travaille
    b) Mme Picard travaille toujours
    c) M. Lambert travaille aussi

4. M. Lambert va _____.

    a) avoir une promotion
    b) travailler à Bordeaux
    c) prendre la direction de la ville de Bordeaux

5. _____ ventes dans la région du sud-ouest.

    a) Mme Picard est directrice des
    b) Ultratel n'a pas de bureau de
    c) M. Lambert va être directeur des

6. Les anciens collègues _____.

    a) ont parlé pendant presque un quart d'heure
    b) vont rencontrer une amie au restaurant
    c) vont déjeuner ensemble

EXERCICE 4

Exemple : Pouvez-vous m'apporter les papiers de la conférence d'hier ?
– Oui, ___***tout de suite***___ monsieur.

1. Je vais commencer mon nouveau travail lundi.
   – _____ ! C'est un travail difficile.

2. Est-ce que M. Forestier est là ?
   – _____, je vais voir.

3. Nous devons partir à 15h.
   – _____ ! Vous n'allez pas voir M. Valin.

4. Je ne comprends pas ce mot en allemand.
   – _____ *promotion.*

5. Valérie, c'est l'heure du déjeuner.
   – Très bien, alors, _____ !

6. Est-ce qu'on peut fumer ici ?
   – _____, mais demandez à Mlle Monot.

7. Alain va travailler pour une société italienne.
   – _____ ! Il va en Italie, alors ?

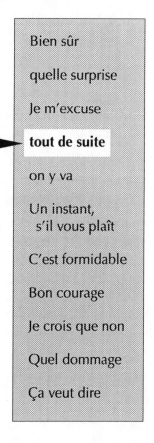

Bien sûr

quelle surprise

Je m'excuse

tout de suite

on y va

Un instant,
 s'il vous plaît

C'est formidable

Bon courage

Je crois que non

Quel dommage

Ça veut dire

8. Nous allons déjeuner avec des clients canadiens. Voulez-vous venir avec nous ?
   – _____ ! C'est un déjeuner important.

9. J'ai vu votre ancien collègue Pierre Lambert dans la rue hier.
   – Ah, _____ !

10. Mme Baret, pouvez-vous venir dans mon bureau à 14h ?
    – _____ mais je ne vais pas pouvoir.

CHAPITRE 3

Vocabulaire

assistante *(f.)*

responsable

organisation *(f.)*

mise à jour *(f.)*

dossier *(m.)*

discuter

programme *(m.)*

document *(m.)*

vers

dès que

projet *(m.)*

disponible

prochain

Expressions

« Oh là là ! »

« À tout à l'heure. »

L'ASSISTANTE DU P.-D.G.

Marie-Claude Daumier est l'assistante d'Alain Perrault, P.-D.G. d'Eurotech. Elle travaille avec lui depuis quatre ans. Elle est responsable de l'organisation des réunions et de la mise à jour des dossiers de M. Perrault. Elle répond aussi à son courrier. Tous les matins, elle discute avec son patron du programme de la journée.

M. Perrault :	Bonjour, Mme Daumier.
Mme Daumier :	Bonjour, M. Perrault. Tous les documents pour votre réunion de 8h30 sont sur votre bureau.
M. Perrault :	Merci beaucoup. Est-ce que M. Morin est arrivé ?
Mme Daumier :	Non, pas encore, mais il a laissé un message. Il va être là vers 10h.
M. Perrault :	Pouvez-vous lui demander de venir dans mon bureau dès qu'il arrive ? Je voudrais lui parler du projet allemand.
Mme Daumier :	Oui, d'accord. Une dernière chose : Mme Rossi de la société ÉlectroFrance a téléphoné. Elle n'est plus disponible en fin de semaine.
M. Perrault :	Pouvez-vous prendre rendez-vous avec elle pour le début de la semaine prochaine ?
Mme Daumier :	Oui, bien sûr.
M. Perrault :	Oh là là ! Il est déjà 8h25. Je vais être en retard pour ma réunion. À tout à l'heure, Mme Daumier !

EXERCICE 5

1. Mme Daumier _____ M. Perrault.

   a) est arrivée au bureau après
   b) va à la réunion de 8h30 avec
   c) est responsable de la mise à jour des dossiers de

2. Tous les matins, M. Perrault _____.

   a) organise des réunions
   b) parle avec son assistante
   c) reçoit le courrier de Mme Daumier

3. _____ sur le bureau de M. Perrault.

   a) Les documents pour la réunion de 8h30 sont
   b) Les lettres d'hier sont toujours
   c) Le message de M. Morin est

4. M. Morin _____ au bureau.

   a) ne vient pas
   b) a laissé son agenda
   c) va arriver dans une heure et demie

5. M. Perrault _____.

   a) va voir M. Morin vers 10h
   b) veut finir le projet allemand
   c) veut voir M. Morin en fin de journée

6. Mme Rossi _____ la semaine prochaine.

   a) a pris rendez-vous avec Mme Daumier pour
   b) ne va pas appeler M. Perrault
   c) ne va pas être libre avant

EXERCICE 6

Exemple : Le **nouveau** bureau d'Étienne est plus grand que l'_**ancien**_.

1. J'ai _____ parlé plusieurs fois au téléphone avec Mme Daumier, mais je ne l'ai **pas encore** rencontrée.

2. Nous ne pouvons pas commencer cette réunion _____ M. Millet. Je l'ai vu **avec** le directeur ce matin.

3. Est-ce que vous préférez un rendez-vous **en début** d'après-midi ou _____ d'après-midi ?

4. Il y a des gens qui ont **trop** de travail et d'autres qui n'ont _____ de choses à faire.

5. Maurice a _____ la société en mai 1996 et Bernard est **arrivé** quelques mois après.

6. Est-ce que vous êtes **disponible** ou _____ demain matin ?

7. J'ai **perdu** votre adresse, mais j'ai _____ votre numéro de téléphone.

8. M. Masson arrive **toujours** en retard. C'est comme M. Leduc, il n'est _____ pressé.

9. Dans ce magasin, les _____ prennent le temps de bien conseiller les **clients**.

10. Ma secrétaire vous a **envoyé** une lettre la semaine dernière. Est-ce que vous l'avez _____ ?

CHAPITRE 4

Vocabulaire

personnel

urgent

le plus rapidement possible

service *(m.)*

garantir

livraison *(f.)*

sous vingt-quatre heures

tarif *(m.)*

peser

enveloppe *(f.)*

spécial

remplir

formulaire *(m.)*

indiquer

expéditeur *(m.)*

destinataire *(m.)*

par avion

Expressions

« C'est parfait. »

« Il est très important de … »

« C'est fait. »

« Ça vous fait un total de … F. »

Marie-Claude Daumier est à la poste. Elle veut envoyer une lettre personnelle urgente.

Mme Daumier :	Bonjour, monsieur. J'ai une lettre qui doit arriver à Bruxelles le plus rapidement possible.
L'employé :	Alors, je vous conseille notre service Chronopost. Nous garantissons la livraison sous vingt-quatre heures.
Mme Daumier :	Ah oui ? C'est parfait. Quel est le tarif ?
L'employé :	Attendez, je vais peser votre lettre … 200 g. Cela fait 195,00 F.
Mme Daumier :	D'accord. Et qu'est-ce que je fais de ma lettre ?
L'employé :	Mettez-la dans cette enveloppe spéciale et remplissez ce formulaire. Il est très important d'indiquer ici le numéro de téléphone de l'expéditeur et là le numéro du destinataire.
Mme Daumier :	Voilà, c'est fait. J'ai aussi ces trois lettres que je voudrais envoyer par avion.
L'employé :	Très bien … Alors, ça vous fait un total de 210,00 F.
Mme Daumier :	Voici, monsieur.
L'employé :	Merci, au revoir, madame.

EXERCICE 7

1. Mme Daumier envoie _____.

   a) deux lettres par le service Chronopost
   b) une lettre personnelle à Bruxelles
   c) une lettre urgente par avion

2. Avec le service Chronopost, on peut envoyer _____.

   a) des lettres urgentes
   b) seulement des lettres personnelles
   c) seulement des lettres qui vont à Bruxelles

3. _____ remplit un formulaire.

   a) Le patron de Mme Daumier
   b) L'employé de la poste
   c) Mme Daumier

4. L'employé demande à Mme Daumier _____.

   a) de lui donner le nom du destinataire
   b) de garantir la livraison sous vingt-quatre heures
   c) d'écrire le numéro de téléphone de l'expéditeur

5. Mme Daumier paie _____.

   a) un total de 195,00 F
   b) l'employé avant de donner ses lettres
   c) beaucoup plus pour le Chronopost que pour ses autres lettres

EXERCICE 8

Exemple : Mlle Morel __*pense*__ trouver un appartement plus près de son travail.

1. Ces hommes d'affaires vont _____ à une conférence en Australie.

2. Nous ne sommes pas _____ avec la proposition de M. Ribot.

3. Est-ce que vous avez appelé les _____ pour avoir le nouveau numéro de téléphone de la société Molineau ?

4. M. Favrot, il y a un appel _____ pour vous. C'est votre fils.

5. Ce restaurant n'accepte pas les cartes de crédit mais on peut payer par _____.

6. Je vous ai pris rendez-vous pour le 1er octobre. Est-ce que ça vous _____ ?

7. Hier, j'ai téléphoné à un _____ collègue pour lui proposer un travail dans ma société.

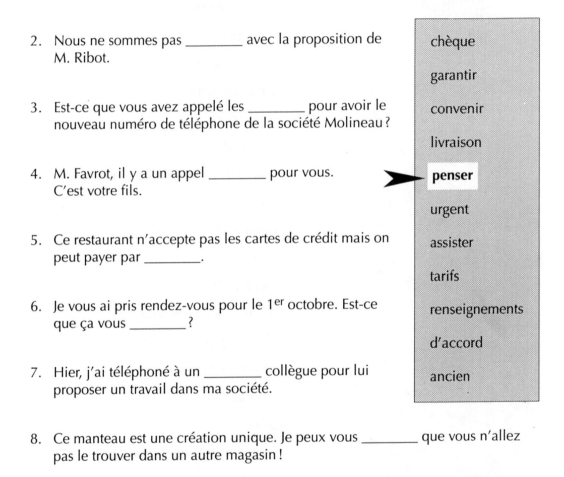

chèque
garantir
convenir
livraison
penser
urgent
assister
tarifs
renseignements
d'accord
ancien

8. Ce manteau est une création unique. Je peux vous _____ que vous n'allez pas le trouver dans un autre magasin !

9. Cette société de vente de chocolat par correspondance m'a envoyé son dernier catalogue avec les nouveaux _____.

10. Est-ce que nous allons recevoir notre paquet demain ? – Non, je suis désolé, madame. Il n'y a pas de _____ le samedi.

CHAPITRE 5

Vocabulaire

usine *(f.)*

dépositaire *(m.)*

principal

accompagner

complètement

moderniser

vraiment

pointe *(f.)* (à la ~ de la technologie)

utiliser

robot *(m.)*

performant

incroyable

travail à la chaîne *(m.)*

ouvrier *(m.)*

démonstration *(f.)*

fabriquer

pièce *(f.)*

composant électronique *(m.)*

fournisseur *(m.)*

entrepôt *(m.)*

Expression

« Très impressionnant ! »

Robert Lacroix, un des plus grands dépositaires Eurotech, visite aujourd'hui l'usine principale d'Eurotech à Évry, près de Paris. Alain Perrault, le P.-D.G. de la société, l'accompagne.

M. Perrault :   Voici notre usine modèle. Nous l'avons complètement modernisée l'année dernière.

M. Lacroix :   Oui, je vois. Toutes ces machines sont vraiment à la pointe de la technologie. Ah, vous utilisez des robots maintenant ! Sont-ils performants ?

M. Perrault :   Oui, ils font des choses incroyables ! Ils sont rapides et précis. Je pense qu'ils sont très importants pour le travail à la chaîne. Attendez, je vais vous montrer quelque chose.

M. Perrault demande à un ouvrier de leur faire une démonstration du robot.

M. Lacroix :   Très impressionnant ! Est-ce que vous fabriquez toutes les pièces ici ?

M. Perrault :   Oui, nous fabriquons tout sauf les composants électroniques que nous achetons à un fournisseur à Lyon.

M. Lacroix :   Combien d'employés avez-vous ?

M. Perrault :   Nous avons 215 employés ici et 140 à notre autre usine de Nantes. Venez, je vais vous montrer notre entrepôt.

EXERCICE 9

1. M. Lacroix _____.

   a) veut ouvrir une usine moderne

   b) modernise l'usine d'Eurotech à Évry

   c) et M. Perrault visitent une des deux usines Eurotech

2. L'année dernière, Eurotech a _____.

   a) utilisé des robots dans l'usine d'Évry pour la première fois

   b) ouvert une nouvelle usine à Nantes

   c) modernisé les deux usines

3. M. Perrault pense que _____.

   a) l'usine de Nantes est rapide et précise

   b) les robots sont moins importants que les ouvriers

   c) les robots aident beaucoup dans la production des photocopieurs

4. Le fournisseur de Lyon _____.

   a) ne fabrique pas tous les composants qu'Eurotech utilise

   b) reçoit les composants électroniques d'Eurotech

   c) est très content des robots d'Eurotech

5. La société Eurotech a plus _____.

   a) d'ouvriers à l'entrepôt qu'à l'usine

   b) de 350 employés dans les deux usines

   c) d'employés à l'usine de Nantes qu'à l'autre usine

EXERCICE 10

Exemple : Mme Daumier porte toujours des vêtements très __*à la mode*__ .

1. Dans cette usine, il y a 150 ouvriers qui travaillent _____.

2. Il est toujours très _____ dire à quelqu'un qu'il ne travaille pas bien.

3. M. Martin viendra vous _____ à la gare la semaine prochaine.

4. Mlle Caron travaille pour une société de vente _____.

5. Nous utilisons les meilleures techniques pour fabriquer ces composants. Nous sommes _____ de la technologie.

6. Il y a un mois, M. Romain est allé aux États-Unis pour son travail. Et _____, il a voyagé en 1ère classe.

7. Combien de robots différents est-ce qu'_____ pour fabriquer cette petite pièce ?

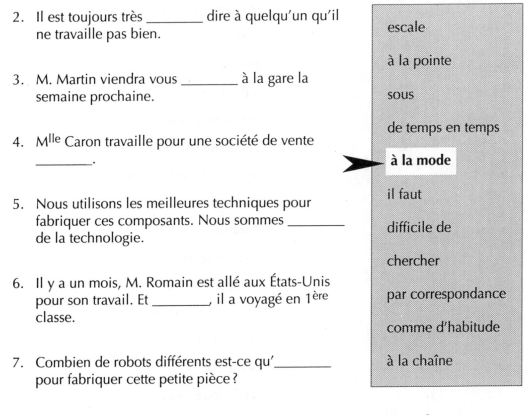

escale

à la pointe

sous

de temps en temps

à la mode

il faut

difficile de

chercher

par correspondance

comme d'habitude

à la chaîne

8. Je ne vois pas mon patron très souvent. Mais _____, il vient dans mon bureau pour me parler.

9. Si vous commandez avant 10h du matin, nous pouvons vous garantir la livraison _____ vingt-quatre heures.

10. Quand nous sommes rentrés de Los Angeles, nous avons fait _____ à New York.

CHAPITRE 6

Vocabulaire

contrôler

marchandise *(f.)*

stagiaire *(m. / f.)*

carton *(m.)*

prévenir

à l'avance

chargement *(m.)*

camionneur *(m.)*

bordereau de livraison *(m.)*

erreur *(f.)*

informer

chef de production *(m.)*

comptabilité *(f.)*

manutentionnaire *(m.)*

entreposer

partie *(f.)*

d'ici (deux mois)

au fond de

garder

camion *(m.)*

Expressions

« Ça n'arrête pas ! »

« Au travail ! »

Yves Berger est responsable de l'entrepôt principal d'Eurotech à Évry. C'est lui qui contrôle toutes les livraisons de marchandises qui arrivent à l'usine. M. Berger est en train d'expliquer son travail à un stagiaire.

M. Berger : Voilà, aujourd'hui nous attendons une livraison importante de composants électroniques de chez Prolab. Il y aura soixante cartons.

Le stagiaire : Est-ce qu'on vous prévient à l'avance que le chargement va arriver ?

M. Berger : Oui, en général, je reçois un fax ou on m'appelle quelques jours avant la livraison.

Le stagiaire : Que faites-vous quand le chargement arrive ?

M. Berger : Le camionneur me donne le bordereau de livraison ; c'est la liste des marchandises du chargement. Je vérifie si toutes les marchandises sont arrivées et s'il n'y a pas d'erreur.

Le stagiaire : Et ensuite ?

M. Berger : Ensuite, je signe le bordereau de livraison. J'informe le chef de production que les marchandises sont là et j'envoie une copie du bordereau à la comptabilité.

Le stagiaire : Et que font les manutentionnaires ?

M. Berger : Ils entreposent les cartons. Dans cette partie de l'entrepôt, ils mettent les marchandises qu'on utilisera d'ici deux mois. Et là-bas, au fond de l'entrepôt, c'est pour les marchandises qu'on gardera pendant plus de deux mois.

Le stagiaire : Vous êtes tous très occupés.

M. Berger : Oh, oui, ça n'arrête pas. Ah, voilà un camion. Allez, au travail !

EXERCICE 11

1. Dans quel service de la société Eurotech M. Berger travaille-t-il ?

2. Que contrôle-t-il ?

3. À qui explique-t-il son travail ?

4. D'où vient le chargement d'aujourd'hui ?

5. En général, quand prévient-on M. Berger de l'arrivée d'un chargement ?

6. Le bordereau de livraison, qu'est-ce que c'est ?

7. Qu'est-ce que M. Berger fait du bordereau quand il a vérifié si les marchandises sont bien arrivées ?

8. De quoi M. Berger informe-t-il le chef de production ?

9. Qu'est-ce que M. Berger envoie ensuite à la comptabilité ?

10. Où les manutentionnaires mettent-ils les marchandises que l'usine utilisera dans trois mois ?

EXERCICE 12

Exemple : Nous recevons du __*courrier*__ tous les jours. Quelquefois, il n'y a qu'une
  lettre ou deux.

1. C'est le travail de M. Berger de _____ les livraisons.
   Il **vérifie** si toutes les marchandises sont arrivées.

2. Mme Lemaire va vous _____ au bureau du directeur.
   Je ne peux malheureusement pas **aller avec** vous.

3. Alexandre vient d'obtenir un nouvel _____. À partir
   de lundi, il mettra une heure pour aller à son **travail**.

4. Alice vient de partir pour _____. Elle va **acheter**
   une lampe pour son bureau.

5. La société Prolab **produit** des composants électroniques.
   Elle en _____ plus de 10 000 par an.

6. Quand je suis arrivé, la secrétaire m'a demandé de
   _____ quelques minutes. Mais j'ai **attendu** pendant
   une demi-heure !

7. Les employés doivent _____ leur patron de la date
   de leur départ en vacances. En général, ils l'**informent**
   quelques semaines à l'avance.

8. M. Vanel _____ d'organiser une réunion pour les employés de la
   comptabilité. Il **veut** leur parler des changements futurs dans la société.

9. Les marchandises qui arrivent à l'entrepôt sont en général, dans de grands
   _____. Il est rare de recevoir une petite **boîte**.

10. Ma secrétaire vous _____ pour prendre rendez-vous. Est-ce qu'on peut vous
    téléphoner après 18h ?

| fabriquer |
| faire des achats |
| prévenir |
| contrôler |
| avoir envie |
| **courrier** |
| appeler |
| emploi |
| accompagner |
| cartons |
| patienter |

CHAPITRE 7

Vocabulaire

transport *(m.)*

expédition *(f.)*

relation *(f.)*

entreprise *(f.)*

s'occuper de

transporter

contrat *(m.)*

offrir

secteur d'activité *(m.)*

concurrent *(m.)*

exclusivité *(f.)*

volume *(m.)*

condition *(f.)*

étudier

Expressions

« Pas de réclamations ? »

« J'ai entendu dire que … »

« Ça fait trois mois que … »

LE TRANSPORT DES MARCHANDISES

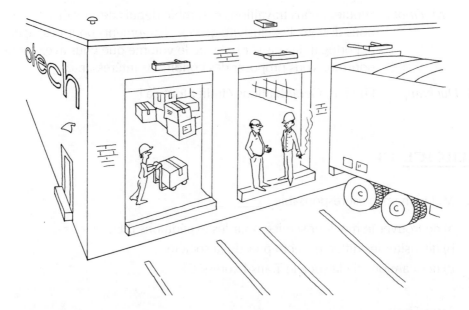

Jacques Duchamps travaille à l'entrepôt d'Eurotech au service des expéditions. Il est responsable des relations entre les différentes sociétés de transport et l'entreprise. Il s'occupe de trouver le meilleur service au meilleur tarif.

Aujourd'hui, M. Duchamps parle avec Gérard Finot de la société Trans-Express, une des entreprises qui transportent les marchandises d'Eurotech.

M. Finot :	Alors, Jacques, pas de réclamations aujourd'hui ?
M. Duchamps :	Non, non, tout va bien !
M. Finot :	J'ai entendu dire que vous envoyez maintenant des chargements en Espagne et au Portugal.
M. Duchamps :	Oui, ça fait trois mois que nous y envoyons un chargement complet tous les quinze jours.
M. Finot :	Est-ce que je peux savoir qui a le contrat de transport ?
M. Duchamps :	Une société de Bordeaux. Mais je dois dire que nous n'avons que des problèmes avec eux depuis le début.
M. Finot :	Vous savez, nous vous avons toujours offert un excellent service et l'Espagne et le Portugal sont nos principaux secteurs d'activité après la France.
M. Duchamps :	Nous avons pensé à vous mais vous êtes beaucoup plus cher que vos concurrents !

M. Finot : Écoutez, nous travaillons ensemble depuis des années. Si vous nous donnez l'exclusivité de vos chargements pour l'Espagne et le Portugal, je suis sûr qu'avec le volume que vous avez, nous pourrons vous proposer des conditions intéressantes.

M. Duchamps : Eh bien, Gérard, allons étudier tout ça !

EXERCICE 13

1. M. Duchamps est responsable _____.

   a) de trouver le meilleur service pour les expéditions d'Eurotech
   b) de visiter les différents entrepôts de la société
   c) des camions de la société Trans-Express

2. Trans-Express _____.

   a) n'a pas d'employés au Portugal
   b) veut transporter plus de chargements pour Eurotech
   c) n'offre jamais de conditions intéressantes à ses clients

3. Eurotech _____ en Espagne et au Portugal.

   a) envoie souvent des chargements
   b) n'envoie pas plus de deux chargements par an
   c) reçoit le meilleur service possible pour ses chargements

4. M. Finot pense que _____.

   a) ses concurrents coûtent plus cher que Trans-Express
   b) l'exclusivité avec Eurotech est une condition impossible
   c) Trans-Express offre le meilleur service vers l'Espagne et le Portugal

5. M. Duchamps _____.

   a) ne veut pas parler de la proposition de M. Finot
   b) pense que M. Finot a proposé quelque chose d'intéressant
   c) parlera à M. Perrault d'un contrat d'exclusivité avec Trans-Express

EXERCICE 14

Exemple : Jean-Claude travaille pour une société japonaise. C'est une ___**entreprise**___ d'import-export.

1. Nous avons un client qui n'est jamais content. Il a toujours des _____ à faire.

2. M. Duchamps _____ du transport des marchandises.

3. Deux _____ sont venus pour réparer l'ascenseur de l'entrepôt.

4. Il faut toujours bien lire un _____ avant de le signer.

5. Notre _____ en composants électroniques nous a offert une réduction de 20% sur nos prochaines commandes.

6. Est-ce que vous avez signé le _____ de livraison de la société Martinot ?

7. En juillet et en août, notre service prend toujours quatre ou cinq _____ de l'École de commerce.

8. Ce photocopieur est très _____, n'est-ce pas ?
   – Non, je ne trouve pas du tout ! J'ai toujours des problèmes quand je veux faire des photocopies.

9. Si vous nous présentez des _____ de vente intéressantes, nous utiliserons peut-être vos services.

10. Nous sommes en avance sur nos _____ étrangers, parce que nous sommes les premiers en Europe à utiliser cette nouvelle technologie.

contrat

stagiaires

fournisseur

entreprise

s'occuper

bordereau

performant

conditions

ouvriers

concurrents

réclamations

CHAPITRE

8

Vocabulaire

consister

trier

passer

distribuer

ramasser

affranchir

noter

frais d'affranchissement *(m. pl.)*

poster

terminer

se déranger

interne

Expression

« Ce n'est pas la peine. »

Jean-Michel Nicolet travaille au service du courrier à Eurotech. Son travail consiste à trier les lettres et les paquets qui arrivent tous les jours pour les différents services de l'entreprise. Deux fois par jour, le matin et l'après-midi, M. Nicolet passe dans les bureaux pour distribuer le courrier aux employés. Il ramasse en même temps les lettres et les paquets que les employés veulent envoyer.

Quand il revient dans son bureau, M. Nicolet pèse et affranchit le courrier. Il note aussi les frais d'affranchissement de chaque service. Aujourd'hui, il a du courrier pour Mme Daumier.

M. Nicolet :	Bonjour, Mme Daumier. Comment allez-vous ce matin ?
Mme Daumier :	Très bien, merci. Alors, qu'est-ce que vous avez pour moi ?
M. Nicolet :	Plusieurs lettres et un paquet … voilà. Est-ce que vous avez quelque chose à poster ?
Mme Daumier :	Oui, cette lettre, s'il vous plaît. J'en ai aussi une autre, mais je ne l'ai pas encore terminée. Je vous l'apporterai tout à l'heure.
M. Nicolet :	Ce n'est pas la peine de vous déranger. Je la prendrai quand je distribuerai le courrier interne.
Mme Daumier :	Merci beaucoup, Jean-Michel. C'est très gentil. Elle sera prête cet après-midi.
M. Nicolet :	Très bien. Alors, à tout à l'heure !

EXERCICE 15

1. Quand les paquets arrivent au service du courrier, M. Nicolet _____.

   a) trie les différents services

   b) les affranchit avant de les distribuer

   c) les reçoit et les distribue dans les différents services

2. En général, les employés voient M. Nicolet _____.

   a) deux fois par semaine

   b) quand il distribue le courrier

   c) seulement quand il a du courrier pour Mme Daumier

3. Avant d'affranchir les lettres et les paquets des employés, M. Nicolet les _____.

   a) note

   b) pèse

   c) envoie

4. M. Nicolet note les frais d'affranchissement par _____.

   a) jour

   b) service

   c) employé

5. M. Nicolet ne va pas _____.

   a) prendre tout de suite la seconde lettre de Mme Daumier

   b) descendre sans l'autre lettre de Mme Daumier

   c) ramasser d'autres lettres aujourd'hui

EXERCICE 16

Exemple : Au service des __expéditions__ , on s'occupe d'**expédier** les marchandises aux clients.

1. M. Nicolet **distribue** le courrier tous les jours. Il fait souvent la _____ vers 10h.

2. Le directeur de la société m'a **offert** un poste en Angleterre. C'est une _____ très intéressante.

3. Pour _____ ses produits, la société Eurotech utilise les services d'une entreprise de **transport**.

4. Cette entreprise de transport a vingt **camions** et emploie vingt-cinq _____.

5. Avant d'envoyer une lettre, il faut l'**affranchir**. L'_____ n'est pas le même si la lettre va en France ou à l'étranger.

6. M. Berger, nous venons de _____ tous les cartons dans le camion. Le **chargement** est prêt à partir.

7. Je travaille maintenant dans une usine très **moderne**. On l'a beaucoup _____ l'année dernière.

8. Ce magasin vend **exclusivement** des photocopieurs Eurotech. Il a l'_____ des ventes.

9. Quand les cartons de tissu arriveront à l'usine, nous les **entreposerons** au fond de l'_____.

10. Est-ce qu'on vous a _____ du départ de Mme Gaillard ? C'est une **information** qui est maintenant officielle.

9

Vocabulaire

prototype *(m.)*

fournir

impatient

lancer

unité *(f.)*

moitié *(f.)*

reste *(m.)*

conversation *(f.)*

Nathalie Picard, directrice de production de la société Eurotech, et Bernard Lagarde, directeur général de Prolab, sont au restaurant pour déjeuner et parler affaires. Prolab est une entreprise qui fabrique des composants électroniques.

M. Lagarde :	Alors, le prototype du nouveau photocopieur couleur, il est prêt ?
Mme Picard :	Oui, nous venons de le terminer ! Nous sommes très contents des composants électroniques que vous avez fournis. Je vous montrerai la nouvelle machine après le déjeuner.
M. Lagarde :	Je suis impatient de la voir. Est-ce que vous savez quand vous allez lancer la production ?
Mme Picard :	Oui, dans environ un mois.
M. Lagarde :	Et combien de pièces allez-vous produire ?
Mme Picard :	Pour commencer, 2500. Est-ce que vous pouvez nous fournir les pièces nécessaires pour les premières 2500 unités vers la fin du mois ?
M. Lagarde :	Pour 2500 unités ? Je suis désolé, mais ça va être difficile. Nous avons beaucoup de commandes en ce moment. Mais je peux vous garantir la moitié dans un mois et le reste trois semaines après.
Mme Picard :	Hum … ça fait sept semaines, alors. Bon, je vais voir ça avec M. Perrault.

Ils commandent des cafés et continuent leur conversation.

EXERCICE 17

1. Mme Picard et M. Lagarde _____.

    a) déjeunent au restaurant Prolab

    b) parlent des affaires du restaurant

    c) parlent affaires pendant le déjeuner

2. Prolab est une société _____.

    a) qui produit des prototypes

    b) de composants électroniques

    c) qui fabrique des photocopieurs

3. Le service production d'Eurotech _____ dans un mois.

    a) commencera la production des composants électroniques

    b) finira le prototype du nouveau photocopieur couleur

    c) recevra 1250 pièces de composants électroniques

4. Mme Picard veut savoir _____.

    a) si Prolab peut fournir 2500 pièces

    b) quand Prolab va commencer la production

    c) combien de pièces Prolab peut fournir avant la fin du mois

5. M. Lagarde _____.

    a) garantit 2500 pièces dans un mois

    b) peut fabriquer toutes les pièces nécessaires

    c) va commander beaucoup de pièces pour le nouveau photocopieur

EXERCICE 18

Exemple : M. Bergeron est très content __de__ travailler avec vous.

1. L'assistante de M. Faber a distribué des documents _____ tous les invités du congrès.

2. Votre travail consistera _____ trier ces documents.

3. Je suis desolé, mais je ne me suis pas encore occupé _____ votre dossier.

4. Quand je rentre de vacances, je dois mettre mon courrier _____ jour.

5. Il est important _____ savoir ce que veulent les clients.

6. _____ quoi êtes-vous responsable dans votre service ?

7. Dans cette usine d'automobiles, presque tous les ouvriers travaillent _____ la chaîne.

8. M. Lagarde a pris la direction _____ la société Prolab il y a cinq ans.

9. Je suis impatient _____ rencontrer vos collègues de Paris.

10. Nous fabriquons tous les composants de nos machines sauf les composants électroniques que nous achetons _____ un fournisseur coréen.

CHAPITRE 10

Vocabulaire

service après-vente *(m.)*

tableau d'affichage *(m.)*

se réunir

références *(f. pl.)*

employeur *(m.)*

actuel

service clientèle *(m.)*

analyse graphologique *(f.)*

esprit d'initiative *(m.)*

impression *(f.)*

s'adapter

Expressions

« À mon avis … »

« Je vais lui faire part de … »

Le service après-vente d'Eurotech est à la recherche d'un nouvel employé. Nicole Jandot, la directrice des ressources humaines, a mis une annonce dans le journal et sur les tableaux d'affichage de l'entreprise.

Après plusieurs entretiens avec différents candidats, Mme Jandot et Denis Lombard, du service après-vente, se réunissent pour prendre une décision.

Mme Jandot :	Alors, Denis, que pensez-vous de M. Pradel ? Il a de très bonnes références de son employeur actuel, n'est-ce pas ?
M. Lombard :	Oui, mais je pense qu'il n'a pas assez d'expérience pour ce poste.
Mme Jandot :	Et Mme Carletti ? Elle a travaillé deux ans au service clientèle de Renault.
M. Lombard :	Hum … C'est vrai qu'elle a une bonne expérience, mais son analyse graphologique montre qu'elle n'a pas beaucoup d'esprit d'initiative. C'est quelque chose d'important pour nous. Dites-moi, Nicole, comment trouvez-vous Mlle Fauchet ?
Mme Jandot :	Elle m'a fait une très bonne impression. Je crois qu'elle s'adaptera très vite au poste. À mon avis, c'est la meilleure candidate.
M. Lombard :	Oui, c'est ce que je pense aussi.
Mme Jandot :	Dans ce cas, je vais lui téléphoner aujourd'hui et lui faire part de notre décision.

EXERCICE 19

1. La société Eurotech _____.

   a) veut engager une assistante pour Mme Jandot

   b) a besoin d'un nouvel employé pour le service après-vente

   c) a mis une annonce dans le journal pour un poste de vendeur

2. Mme Jandot a mis une annonce _____.

   a) dans plusieurs magazines

   b) dans les différents services d'Eurotech

   c) sur les ordinateurs de tous les employés d'Eurotech

3. M. Lombard et Mme Jandot _____.

   a) reçoivent des candidats aujourd'hui

   b) sont collègues au service après-vente

   c) veulent choisir un nouvel employé parmi les candidats qu'ils ont vus

4. Ils ne vont pas offrir le poste à _____.

   a) M. Pradel parce qu'il n'a pas assez d'expérience

   b) Mme Carletti parce qu'elle a moins d'expérience que les autres

   c) Mme Carletti parce qu'elle prend trop d'initiatives dans son travail

5. Mlle Fauchet _____.

   a) aura besoin de beaucoup de temps pour s'adapter à son nouveau poste

   b) a fait une très bonne impression à M. Lombard et à Mme Jandot

   c) a lu la petite annonce sur le tableau d'affichage de son service

EXERCICE 20

Exemple : Alors, pas de problèmes ici ?
 – ___**Non, non, tout va bien**___ .

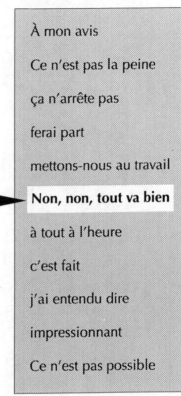

1. Je viens de regarder le calendrier. Nous n'avons
    que quinze jours pour faire cette étude.
    – Alors, _____ !

2. Mme Daumier, est-ce que vous avez tapé la
    lettre pour Prolab ?
    – Oui, _____, monsieur.

3. Je passerai vous voir dans une heure pour vous
    montrer ce que nous avons fait.
    – D'accord, _____ !

4. M. Vadot vient d'annoncer qu'il va quitter
    |a société le mois prochain.
    – Oh là là ! _____ ! Nous avons vraiment
    besoin de lui.

5. Est-ce que vous avez lu le C.V. de M. Martinez ?
    – Oui, il est très _____.

6. Le téléphone sonne toute la journée et nous
    avons des visiteurs presque tous les jours.
    – C'est vrai. Cette semaine, _____ !

7. Qu'avez-vous pensé de la conférence de Nantes ?
    – _____, ce n'était pas très intéressant.

8. Savez-vous que nous allons avoir un jour de vacances en plus cette année ?
    – Oui, c'est ce que _____.

9. Je vais vous apporter les documents que M. Marchand m'a donnés.
    – _____. Il m'a déjà donné une copie.

10. Dites à M. Brossard que nous avons changé la date de la réunion de Nice.
    – Je lui _____ de ce changement cet après-midi.

À mon avis

Ce n'est pas la peine

ça n'arrête pas

ferai part

mettons-nous au travail

Non, non, tout va bien

à tout à l'heure

c'est fait

j'ai entendu dire

impressionnant

Ce n'est pas possible

CHAPITRE

11

Vocabulaire

comptable *(m.)*

facture *(f.)*

conforme

être en ordre

paiement *(m.)*

preuve *(f.)*

envoi *(m.)*

kit *(m.)*

avec certitude

différé (envoi ~)

se renseigner

Expressions

« Comment puis-je vous être utile ? »

« Très certainement ! »

« À tout de suite ! »

Florence Bouchard est comptable à Eurotech depuis dix ans. Au début, elle travaillait à la comptabilité clients, où elle s'occupait des factures qu'Eurotech envoyait à ses clients.

Maintenant, Mme Bouchard travaille à la comptabilité fournisseurs. Quand les factures d'un fournisseur arrivent, elle vérifie si les marchandises qu'Eurotech a commandées sont bien arrivées et si tout est conforme à la commande. Si tout est en ordre, elle envoie le paiement au fournisseur.

En ce moment, elle parle avec Michel Favre du service comptabilité de la société Prolab.

Mme Bouchard : Allô ? M. Favre ? Bonjour, ici Florence Bouchard à Eurotech.

M. Favre : Bonjour, Mme Bouchard. Comment puis-je vous être utile aujourd'hui ?

Mme Bouchard : Écoutez, je viens de recevoir une facture de chez vous, mais je n'ai pas de bordereau de livraison. Avez-vous une preuve de cet envoi ?

M. Favre : Très certainement. Quel est le numéro de la facture ?

Mme Bouchard : C'est le 90137 et c'était une commande de 50 kits de composants électroniques référence 402-B.

M. Favre : Un instant, s'il vous plaît. Je vais regarder votre compte sur l'ordinateur. Ah, voilà. La livraison était pour le 2 avril, mais je ne
peux pas vous dire avec certitude si la livraison a eu lieu.

Mᵐᵉ Bouchard : Est-ce que c'était un envoi différé ?

M. Favre : C'est possible. Je vais me renseigner et je vous rappelle dans
quelques minutes.

Mᵐᵉ Bouchard : Merci beaucoup, M. Favre. À tout de suite.

EXERCICE 21

1. Depuis combien de temps Mᵐᵉ Bouchard travaille-t-elle à Eurotech ?

2. Dans quel service travaillait-elle au début ?

3. Dans quel service travaille-t-elle actuellement ?

4. Qu'est-ce qu'elle doit vérifier quand les factures arrivent ?

5. Pourquoi est-ce qu'elle appelle M. Favre aujourd'hui ?

6. Qu'est-ce qu'elle lui demande de faire ?

7. Où est-ce que M. Favre cherche une preuve de l'envoi ?

8. Et ensuite, que va-t-il faire ?

EXERCICE 22

Exemple : Qu'est-ce qu'on vous a **proposé** ?
– On m'a _**offert**_ le poste de Mme Lefèvre.

1. Avec ces nouvelles machines, nous fabriquons 2500 _____ par semaine.
Cela fait trois fois plus d'**unités** qu'avant.

2. Quand nous sommes rentrés de vacances, nous avions
beaucoup de _____ à payer. Elles étaient toutes là sauf
la **note** de téléphone.

3. M. Cartier est **sûr** d'avoir une promotion. Il m'en a parlé avec
beaucoup de _____.

4. Mme Picard vient d'acheter une nouvelle voiture. Mais elle
n'a pas encore fait de _____ parce qu'elle a choisi de
payer en dix **versements** à partir du mois prochain.

5. Est-ce que vous avez _____ mes lettres ?
– Oui, je les ai **envoyées** ce matin.

6. Je n'ai pas _____ le nom de cette personne parce que je
n'avais rien pour **écrire**.

7. Dans les circonstances **présentes**, je ne pense pas pouvoir
garder mon travail _____.

8. Je ne me suis pas _____ sur les conditions de livraison. Je pense qu'on me
donnera ces **informations** quand je commanderai.

9. Quand Caroline est avec Martin, ils ont toujours des **conversations** très
intéressantes. Leurs _____ durent parfois pendant des heures !

10. La société Médex va _____ un nouveau médicament. Elle le **mettra** d'abord
sur le marché européen.

paiement
factures
renseigner
lancer
discussions
pièces
noter
offrir
poster
certitude
actuel

CHAPITRE 12

Vocabulaire

retard *(m.)*

option *(f.)*

publicité *(f.)*

campagne publicitaire *(f.)*

profiter

avantage *(m.)*

budget *(m.)*

mériter

médias *(m. pl.)*

justement

prévision *(f.)*

livrer

contretemps *(m.)*

regrettable

insurmontable

répercussion *(f.)*

entraîner

respirer

délai *(m.)*

Salon de la Bureautique *(m.)*

Expressions

« Laissons de côté … »

« Ça dépend de … »

« Bien entendu. »

« Je suis tout à fait de votre avis. »

« Où en est … ? »

« À la vérité, … »

Alain Perrault et Annie Courtois, la directrice du marketing, sont en train de discuter depuis déjà quelques minutes des différentes options pour la campagne de publicité du nouveau photocopieur Eurotech.

Mme Courtois :	Nous avons toujours eu beaucoup de succès avec les campagnes publicitaires que nous avons faites dans *Le Journal de la Bureautique* et *Bureau Magazine*. Dans le cas du XL220, il faut profiter de l'avantage des publicités en couleur des magazines.
M. Perrault :	Oui, je suis d'accord avec vous. Laissons de côté pour le moment la publicité dans les journaux. Mais j'aimerais aussi avoir quelque chose à la télévision ou à la radio. Ça dépend, bien entendu, du budget. Le XL220 est une excellente machine qui mérite une présence considérable dans les médias.
Mme Courtois :	Je suis tout à fait de votre avis. Savez-vous où en est la production ?
M. Perrault :	J'attends justement Nathalie qui pourra répondre à votre question.

M. Perrault et Mme Courtois continuent leur discussion. Quelques minutes plus tard, Nathalie Picard arrive.

Mme Picard :	J'espère que vous ne m'avez pas attendue trop longtemps.
M. Perrault :	Non, non, pas du tout. Alors, tout va bien à la production ?

Mme Picard :	En fait, nous allons avoir un retard d'une dizaine de jours sur nos prévisions. Prolab ne pourra pas nous livrer tous les composants avant un mois et demi.
M. Perrault :	Ah, c'est un contretemps regrettable, mais pas insurmontable, j'espère. Annie, quelles répercussions est-ce que cela entraîne pour vous ?
Mme Courtois :	À la vérité, l'agence de publicité respirera un peu mieux ; ils avaient un délai très court pour la première phase de la campagne.
M. Perrault :	Nous ne devons pas oublier que le Salon de la Bureautique aura lieu dans trois mois. Il faudra être prêt.
Mme Picard :	Nous finirons bien avant le salon, M. Perrault.
M. Perrault :	Alors, ne perdons pas une minute. Au travail !

EXERCICE 23

1. Eurotech _____.

    a) a déjà fait de la publicité dans un magazine
    b) ne veut plus faire de publicité dans les magazines
    c) veut faire de la publicité dans plusieurs magazines et journaux

2. Mme Courtois et M. Perrault ne prendront pas de décision sur la publicité à la télévision ou à la radio avant de _____.

    a) regarder une publicité à la télévision
    b) parler avec Mme Picard
    c) revoir le budget

3. Il y aura _____ XL220.

    a) un retard d'un mois et demi dans la production du
    b) une campagne publicitaire considérable pour le
    c) un contretemps regrettable pour la publicité du

4. L'agence de publicité _____ la première phase de la campagne.

    a) profitera du retard de la production pour préparer
    b) demandera un délai plus long pour
    c) respirera mieux avant

SAVOIR OU CONNAÎTRE ?

EXERCICE 24

Exemple : Je __*connais*__ quelqu'un qui __*sait*__ réparer les télécopieurs.

1. M. Lanier, _____-vous qui a décidé d'arrêter les recherches sur le nouvel appareil-photo A630 ?

2. Quand vous _____ mieux ce quartier, vous l'aimerez beaucoup plus.

3. Nous _____ maintenant pourquoi nous ne pourrons pas avoir les composants avant un mois.

4. _____-vous que tout notre service va aller à Chamonix pour une journée de ski ? Il n'est pas nécessaire de _____ faire du ski ; il y aura d'autres activités.

5. Je m'excuse, mais je ne peux pas vous renseigner. Je viens d'emménager et je ne _____ pas bien la ville.

6. Demain, je _____ si je dois aller à Genève la semaine prochaine.

7. Mme Bouchard m'a dit qu'elle _____ Mme Gatinot parce qu'elles ont travaillé ensemble il y a quelques années.

8. La personne qui distribue le courrier dans notre entreprise _____ tout le monde.

9. Je ne _____ pas où étaient les dossiers Prolab ; alors, j'ai demandé à Mme Daumier de les chercher.

10. Sylvie ne veut pas aller à la soirée de Noël de l'entreprise de son mari parce qu'elle ne _____ personne.

CHAPITRE 13

Vocabulaire

doubler

effectif (m.)

augmenter

durant

conseil d'administration (m.)

agrandir

installations (f. pl.)

locaux (m. pl.)

objectif (m.)

espace (m.)

fonctionnel

occuper

avoir accès à

inutilisé

à présent

satisfait

aile (f.)

relier

intégrer

bâtiment (m.)

heureux

Expressions

« C'est exact. »

« Au contraire ! »

LES PREMIERS PLANS

Depuis trois ans, les affaires marchent bien pour Eurotech. Il y a de plus en plus de commandes, la production a presque doublé et l'effectif de la société a augmenté de 12% durant cette période. C'est pour ces raisons que M. Perrault et le conseil d'administration ont décidé d'agrandir les installations d'Évry.

Aujourd'hui, M. Perrault est en réunion avec Guy Romanet, un architecte du cabinet Romanet et Lambry, pour étudier les premiers plans des nouveaux locaux d'Eurotech.

M. Perrault : Alors, comment sont les plans, M. Romanet ?

M. Romanet : Nous sommes très contents de ce que nous avons fait. J'espère que vous le serez aussi. Voilà, regardez !

M. Perrault : Ah, c'est l'entrepôt ici, n'est-ce pas ?

M. Romanet : Oui, c'est exact. Et voici l'idée que nous avons eue pour répondre à vos deux objectifs : plus d'espace dans l'entrepôt et des bureaux plus fonctionnels.

M. Perrault : Euh … je ne sais pas bien lire les plans. Est-ce que vous pourriez m'expliquer … ?

M. Romanet : Bien sûr, M. Perrault. Regardez, pour l'entrepôt, on peut utiliser l'espace qu'occupent actuellement ces bureaux. On enlève les murs ici et là, et vous avez accès à un espace vertical inutilisé jusqu'à présent.

M. Perrault : Ah, je vois. J'aime beaucoup cette idée mais je ne sais pas si M. Duchamps et M. Berger l'aimeront aussi.

M. Romanet : Au contraire ! Je crois qu'ils seront très satisfaits de leurs nouveaux bureaux dans la nouvelle aile. Un couloir ici reliera les autres services aux bureaux de l'entrepôt.

M. Perrault : C'est formidable ! Vous avez pu intégrer le bâtiment actuel à la construction future sans problème !

M. Romanet : Je suis heureux de vous voir satisfait, M. Perrault. Maintenant, je vais vous montrer les changements pour le bâtiment principal.

EXERCICE 25

1. M. Perrault veut agrandir les installations d'Évry parce que _____.

    a) le nombre de ses employés a augmenté de plus de 10%
    b) le nombre d'employés d'Eurotech a presque doublé
    c) de plus en plus de clients viennent à Eurotech

2. L'architecte _____.

    a) a montré à M. Perrault les plans d'un nouvel entrepôt
    b) voudrait complètement changer le bureau de M. Perrault
    c) a montré à M. Perrault les changements qu'il propose pour l'entrepôt

3. M. Perrault _____.

    a) va enlever des murs dans plusieurs services
    b) veut plus d'espace dans l'entrepôt
    c) sait lire les plans de l'architecte

4. Les plans _____.

    a) plaisent à M. Perrault
    b) ne vont pas plaire à M. Duchamps et M. Berger
    c) intègrent seulement une partie du bâtiment actuel

EXERCICE 26

Exemple : Nous acceptons de vendre vos machines si vous nous donnez l'_**exclusivité**_ sur la région nord-est.

1. Vous pourrez trouver le nouveau télécopieur RZ310 chez tous les _____ Eurotech de France.

2. Vous devrez présenter les _____ du budget pour votre service à la réunion du 15 octobre.

3. Après trois heures de réunion, le _____ a décidé d'ouvrir une cafétéria au 3ème étage pour les employés.

4. Quand allez-vous emménager dans vos nouveaux _____ ?

5. Si vous avez un problème avec votre ordinateur, téléphonez au service _____. On vous aidera.

6. Tous les mois, ce client nous demande de lui accorder un _____ plus long pour payer ses factures.

7. Est-ce que notre envoi est _____ à votre commande ?

8. S'il n'y a pas de _____ dans la seconde phase du développement du prototype, nous pourrons commencer la production début janvier.

9. Vous avez tellement travaillé les dernières semaines que vous _____ bien de prendre quelques jours de repos.

10. Quand j'ai commandé le livre pour Pascale, on m'a dit que ce serait un _____ et qu'il n'arriverait pas avant le mois prochain.

mériter

prévisions

contretemps

conforme

locaux

envoi différé

exclusivité

dépositaires

après-vente

conseil
d'administration

délai

CHAPITRE 14

Vocabulaire

centre d'affaires *(m.)*

demande de prêt *(f.)*

autoriser

raison *(f.)*

revoir

certain

agrandissement *(m.)*

sembler

satisfaisant

travaux *(m. pl.)*

accord *(m.)*

taux d'intérêt *(m.)*

conseiller financier *(m.)*

faire confiance

Expression

« Nous restons à votre service. »

Paul Guichard est le directeur du centre d'affaires du Crédit Français à Paris. C'est lui qui étudie en détail les demandes de prêt des entreprises. Avant d'autoriser un prêt, M. Guichard doit avoir des informations complètes sur la société et sur les raisons de la demande.

Ce matin, M. Perrault a rendez-vous avec M. Guichard pour revoir certains détails de la demande de prêt d'Eurotech.

M. Guichard : M. Perrault, j'ai étudié votre demande et votre projet d'agran-dissement. Tout semble être en ordre. Les informations que j'ai reçues sur votre entreprise sont très satisfaisantes.

M. Perrault : Je suis content d'entendre cela, M. Guichard. Nous voudrions commencer les travaux dès que possible. Dans combien de temps pensez-vous avoir l'accord final ?

M. Guichard : Dans environ un mois, un mois et demi.

M. Perrault : Ça va ; ce n'est pas trop long. Dites-moi, peut-on revoir une dernière fois les conditions du prêt ?

M. Guichard : Oui, bien sûr, M. Perrault. Voilà, nous vous garantissons un prêt avec un taux d'intérêt de 7% sur douze ans.

M. Perrault : Mes conseillers financiers m'ont dit que c'était le meilleur taux d'intérêt actuellement. Je leur fais confiance. Merci beaucoup, M. Guichard.

M. Guichard : Si vous avez besoin d'autre chose, nous restons à votre service, M. Perrault. Je vous appellerai quand le contrat sera prêt.

EXERCICE 27

1. M. Perrault va à la banque parce qu'il veut _____.

    a) demander un prêt

    b) signer la demande de prêt

    c) revoir certains détails du prêt qu'Eurotech a demandé

2. M. Guichard _____.

    a) a demandé un prêt commercial

    b) a obtenu des informations sur Eurotech

    c) veut savoir pourquoi Eurotech a fait une demande de prêt

3. M. Guichard est satisfait des _____.

    a) détails de la demande de prêt

    b) raisons de la demande de prêt

    c) informations qu'il a reçues sur Eurotech

4. L'accord final du prêt _____.

    a) arrivera quand les travaux commenceront

    b) arrivera dans moins de deux mois

    c) ne dépend pas de M. Guichard

5. Le Crédit Français _____.

    a) offre le meilleur taux d'intérêt en ce moment

    b) garantit un prêt à Eurotech de 7% sur dix ans

    c) pourra changer le taux d'intérêt du prêt dans sept ans

EXERCICE 28

Exemple : Mon fils voudrait être **comptable**. Pour cela, il devra prendre des cours de __*comptabilité*__ pendant deux ans.

1. Nous avons un _____ de quinze jours sur nos prévisions. Ce sont les problèmes de production qui nous ont le plus **retardé**.

2. M. Fauchet est _____ à la Banque du Nord-Est. Il donne des **conseils** financiers aux clients.

3. Nous fabriquons le **double** de ce que notre concurrent principal produit. Mais pour arriver à ce résultat, nous avons dû _____ le nombre d'employés.

4. Est-ce que vous parlez toujours d'**agrandir** votre magasin cette année ?
   – Non, je crois que les projets d'_____ attendront l'année prochaine !

5. Il y a des routes de montagne qui ne sont pas **accessibles** quand il y a de la neige. Il vaut mieux téléphoner à la station de ski avant de partir pour savoir si on peut avoir _____ à toutes les routes.

6. Nous voulons _____ les nouveaux stagiaires aux autres employés du service comptabilité. Cette **intégration** leur donnera une très bonne expérience avec des professionnels.

7. La société Prolab est un des **fournisseurs** d'Eurotech. Prolab _____ les composants électroniques pour tous les photocopieurs et télécopieurs Eurotech.

8. Les _____ commenceront le mois prochain. Les ouvriers **travailleront** en équipe de quatre.

9. Si vous n'êtes pas _____ de nos produits, renvoyez-les. La **satisfaction** de nos clients est notre priorité numéro un.

10. C'est Marc Berthet qui a **installé** ces tableaux d'affichages électroniques ! Vous devriez lui dire qu'il a fait une très bonne _____.

CHAPITRE

15

Vocabulaire

spécialiste *(m. / f.)*

plupart *(f.)*

compter sur

effectuer

technicien *(m.)*

assurer

fonctionnement *(m.)*

résoudre

modifier

améliorer

mise au point *(f.)*

éprouver

fonctionner

ravi

transmission *(f.)*

modification *(f.)*

Expression

« Je tiens à vous dire … »

LA SPÉCIALISTE EN INFORMATIQUE

À Eurotech, comme dans la plupart des entreprises aujourd'hui, les employés comptent beaucoup sur leurs ordinateurs pour effectuer leur travail quotidien. Caroline Bonnard et son équipe de trois techniciens s'occupent du système informatique d'Eurotech. Ils assurent le bon fonctionnement des ordinateurs et des logiciels et résolvent les différents problèmes informatiques des employés.

La semaine dernière, Mme Bonnard a installé un nouveau logiciel de courrier électronique dans les deux usines d'Eurotech. Et comme c'est souvent le cas quand on modifie ou quand on améliore un système, il y a quelques mises au point à faire.

Depuis l'installation du logiciel, Daniel Pasquier, de l'usine Eurotech de Nantes, éprouve des difficultés à faire fonctionner le système. Il appelle donc Mme Bonnard.

M. Pasquier :	Allô, Mme Bonnard ? Daniel Pasquier à l'appareil.
Mme Bonnard :	M. Pasquier ! Bonjour. Que puis-je faire pour vous ?
M. Pasquier :	Avant tout, je tiens à vous dire que nous sommes tous très contents d'avoir le nouveau système de courrier électronique.
Mme Bonnard :	Je suis ravie d'entendre cela. Vous n'avez pas eu de problèmes, j'espère ?
M. Pasquier :	C'est justement pour ça que je vous téléphone. Toutes les communications internes marchent bien, mais quand j'essaie d'envoyer un message à Évry, c'est là que ça ne va plus.

Mme Bonnard : Que se passe-t-il exactement ?

M. Pasquier : Quelquefois les messages passent bien, mais d'autres fois, l'ordinateur indique que la transmission n'est pas possible.

Mme Bonnard : Hum … c'est un nouveau problème. Je vais m'en occuper
immédiatement. Vous savez, il y a encore quelques modifica-
tions à faire. Merci de votre appel et de votre patience aussi !

M. Pasquier : Il n'y a pas de quoi. Merci beaucoup pour votre aide, Mme
Bonnard !

EXERCICE 29

1. Presque tous les employés d'Eurotech _____.

    a) s'occupent du système informatique
    b) utilisent l'informatique tous les jours
    c) assurent le bon fonctionnement des ordinateurs

2. Le système de courrier électronique _____.

    a) sera modifié pour résoudre les problèmes qui apparaissent
    b) a été installé par M. Pasquier et son équipe
    c) marche parfaitement bien

3. Quelquefois, les messages de M. Pasquier _____.

    a) n'apparaissent pas sur l'écran
    b) ne sont pas lus par ses collègues
    c) ne sont pas transmis au bureau d'Évry

4. Mme Bonnard _____ problème du courrier électronique.

    a) pense que M. Pasquier peut trouver une solution au
    b) n'a pas assez de patience pour résoudre le
    c) ne va pas perdre de temps à s'occuper du

EXERCICE 30

Exemple : Je vous ai dit que ce logiciel de jeu était très facile. À la __*vérité*__ , je n'en sais rien, parce que je n'y ai jamais joué !

1. Bonjour, monsieur ! Comment _____-je vous être utile ?

2. Nous _____ à votre service si vous avez d'autres problèmes avec votre machine.

3. M. Martin vous téléphonera _____ que possible.

4. Est-ce que vous savez où _____ est la demande de prêt de la société Eurotech ?

5. Je _____ à vous dire que votre proposition a eu beaucoup de succès.

6. Il faut parfois laisser _____ ses idées et savoir écouter celles des autres.

7. Je suis _____ d'entendre que la demande de mutation de Gérard a été acceptée.

8. La décision d'embaucher un stagiaire pour m'aider dans mon travail ne _____ pas de moi, mais de mon patron.

9. Je suis tout à fait de votre _____. Nous devrions améliorer notre système informatique.

10. J'ai téléphoné à Raymond et, bien _____, il n'était pas dans son bureau. Il est toujours en réunion quand je l'appelle.

tenir

ravie

dès

rester

avis

__vérité__

puis

dépendre

entendu

en

de côté

CHAPITRE 16

Vocabulaire

superviser

lancement *(m.)*

mettre au point

stratégie *(f.)*

commercialisation *(f.)*

gomme *(f.)*

ajouter

mailing *(m.)*

innover

augmentation *(f.)*

support publicitaire *(m.)*

en fonction de

supprimer

télévisé

remplacer

incorporer

Expressions

« Quelle coïncidence ! »

« Pas grand-chose. »

« De toute façon … »

« Ça va me prendre … »

« J'y jetterai un coup d'œil. »

Antoine Berthier est le directeur commercial d'Eurotech. Il supervise les services marketing, ventes et après-vente. Il parle en ce moment avec Annie Courtois, la directrice du marketing.

M. Berthier :	Annie, je viens de sortir d'une réunion avec M. Perrault au sujet du lancement du XL220.
Mme Courtois :	Quelle coïncidence ! Je suis justement en train de mettre au point les derniers détails de la stratégie de commercialisation que je dois présenter demain.
M. Berthier :	Tu as une gomme ?
Mme Courtois :	Une gomme ? Oui, je pense. Pourquoi ?
M. Berthier :	C'est le moment de l'utiliser ! Il va y avoir des changements. M. Perrault a décidé d'ajouter un mailing pour annoncer la sortie du XL220.
Mme Courtois :	Un mailing ? Nous n'en avons jamais fait avant.
M. Berthier :	Tu connais M. Perrault, non ? Il est toujours prêt à innover.
Mme Courtois :	Et j'aurai une augmentation de budget de combien ?
M. Berthier :	Malheureusement, de pas grand-chose. Mais tu sais que de toute façon, c'est à toi de choisir les supports publicitaires que tu veux en fonction du budget.

Mme Courtois : Ça veut dire que je peux supprimer les publicités télévisées et les remplacer par des publicités à la radio ?

M. Berthier : C'est une des possibilités. Écoute, revois ta stratégie en incorporant le mailing.

Mme Courtois : Ça va sûrement me prendre jusqu'à la fin de la semaine.

M. Berthier : Je comprends. Fais de ton mieux. Quand ce sera fini, j'y jetterai un coup d'œil.

EXERCICE 31

1. Quel poste occupe M. Berthier ?

2. De quoi est-il responsable ?

3. Que faisait Mme Courtois quand M. Berthier l'a appelée ?

4. Pourquoi la stratégie de commercialisation du XL220 doit-elle être revue ?

5. Pourquoi Mme Courtois est-elle surprise quand M. Berthier lui parle du mailing ?

6. De combien le budget de Mme Courtois augmentera-t-il ?

7. Comment Mme Courtois peut-elle ajouter un mailing avec seulement une petite augmentation de budget ?

8. Quand la stratégie de commercialisation sera-t-elle prête ?

EXERCICE 32

Exemple : Ce long couloir relie la partie nord __à__ la partie sud de l'immeuble.

        a) à   b) avec   c) par

1. Nous avons pris cette décision _____ fonction de l'avis de tous.
       a) du   b) en   c) par

2. Toutes les machines actuelles seront remplacées _____ de nouvelles, beaucoup plus performantes.
       a) par   b) pour   c) avec

3. On peut toujours compter _____ Mme Courtois ! Elle aide tout le monde.
       a) en   b) sur   c) à

4. Si vous avez besoin d'autres informations, adressez-vous _____ responsable du service.
       a) en   b) du   c) au

5. Nous voudrions profiter _____ temps que nous avons avec M. Simon pour résoudre quelques problèmes.
       a) par le   b) des   c) du

6. Est-ce que vous êtes d'accord _____ la décision que le chef de service a prise ?
       a) avec   b) à   c) par

7. À partir de lundi prochain, les employés ne pourront plus avoir accès _____ la salle de conférence du 3ème étage.
       a) par   b) de   c) à

8. Mme Laurent a fait part _____ sa mutation à Strasbourg à tous ses clients de la région parisienne.
       a) de   b) en   c) avec

9. On ne peut pas faire confiance _____ ce stagiaire. Il oublie souvent ce qu'on lui demande de faire et il a déjà perdu des documents importants.
       a) avec   b) à   c) de

10. La société InfoSystème chez laquelle nous avons acheté nos logiciels, a organisé une réunion avec des spécialistes _____ informatique.
        a) en   b) avec des   c) aux

CHAPITRE
17

Vocabulaire

récemment

passer un contrat

agence de publicité *(f.)*

graphic designer *(m.)*

créateur *(m.)*

mettre sur pied

fantastique

original

acquérir

réputation *(f.)*

domaine *(m.)*

choix *(m.)*

spot *(m.)*

jingle *(m.)*

suite *(f.)*

Expressions

« Tu veux un coup de main ? »

« Ça ne devrait pas poser de problèmes. »

« Au boulot ! »

UNE CAMPAGNE PUBLICITAIRE

Eurotech a récemment passé un contrat avec l'agence de publicité Cosmopub pour préparer la campagne publicitaire de leur nouveau photocopieur XL220. L'année dernière, Catherine Aubry et son équipe de graphic designers et de créateurs avaient mis sur pied une campagne fantastique pour le nouveau télécopieur d'Eurotech.

Grâce aux idées très originales de ses employés, l'agence Cosmopub a acquis une excellente réputation dans le domaine de la publicité. Hier, Catherine a présenté à Eurotech le projet de brochure du nouveau photocopieur. Ce matin, elle est en train de discuter avec Vincent Martel, un des créateurs de son équipe.

Catherine : Je crois que tout le monde à Eurotech a beaucoup aimé notre choix d'idées pour la brochure. Ils nous feront part de leur décision d'ici la fin de la semaine.

Vincent : Super ! Tu veux un coup de main pour les spots de télé ?

Catherine : En fait, je voulais t'en parler, Vincent. Eurotech veut effectuer quelques petits changements.

Vincent : Ah, oui ? Alors, qu'est-ce qu'ils veulent ?

Catherine : Ils aimeraient adapter le jingle de la télé à la radio.

Vincent : Ça ne devrait pas poser de problèmes.

Catherine : Attends la suite ! On va devoir préparer un mailing qui commencera presque immédiatement après les pub à la radio et dans la presse.

Vincent : Dis donc, nous n'aurons pas beaucoup de temps.

Catherine : Pour gagner du temps, je pense qu'on pourrait adapter ce que nous faisons pour la brochure au mailing.

Vincent : Mais, on n'aura pas la décision d'Eurotech avant trois ou quatre jours !

Catherine : Justement, pendant ce temps, nous allons travailler sur le projet de radio. Comme ça, nous aurons toute la semaine prochaine pour le mailing.

Vincent : Bon, alors, au boulot !

EXERCICE 33

1. L'agence Cosmopub a _____.

    a) besoin des services d'Eurotech pour la publicité du XL220
    b) proposé à Eurotech une campagne de mailing
    c) déjà fait une campagne pour Eurotech

2. La brochure pour le XL220 _____.

    a) sera faite par Cosmopub
    b) a une excellente réputation
    c) présente un bon choix d'idées

3. Eurotech _____.

    a) donnera sa décision finale sur la brochure avant la fin de la semaine
    b) est satisfait du jingle de la télévision créé par Cosmopub
    c) doit adapter le jingle de la télévision à la radio

4. L'agence Cosmopub _____.

    a) doit adapter les idées de la brochure à la publicité de la radio
    b) est responsable de toute la campagne de publicité du XL220
    c) demande un délai plus long pour terminer le projet

EXERCICE 34

Exemple : On m'a prévenu que mon patron aimait **commencer** beaucoup de choses en même temps, mais qu'il ne ___*terminait*___ jamais rien.

1. **Il y a longtemps** que je n'ai pas vu M. Joubert. Et vous ?
   – Moi, je l'ai vu _____ à la conférence de Genève.

2. Grâce à son excellent travail, l'équipe de M. Damon avait _____ une bonne réputation. Mais après le projet Duflor, ils ont **perdu** leur prestige.

3. Si nous voulons _____ une pièce ici, il faudra **enlever** ce mur.

4. Avez-vous remarqué que nous avons une _____ du volume de travail et une **réduction** du nombre d'employés ?

5. Est-ce que vous êtes allés prendre un verre _____ après la réunion ?
   – Non, en fait, nous ne sommes allés **nulle part**.

6. Avant de commencer, le directeur devra nous **donner son accord**. S'il _____, nous lui proposerons autre chose.

7. Dans son discours, M. Villard a parlé du départ _____ du chef de production et de l'**heureuse** arrivée de M. Barastier, son remplaçant.

8. Vous aurez, bien sûr, beaucoup d'_____ si vous acceptez ce poste, mais n'oubliez pas qu'il y aura aussi des **inconvénients**, comme travailler le week-end et les jours de fêtes.

9. Avant, il y avait un long couloir qui _____ l'entrepôt à l'usine. Le P.-D.G. pensait que les deux services ne devaient pas être **séparés**. Alors, maintenant ils sont dans le même bâtiment.

10. Mᵐᵉ Dumas du service du personnel a **distribué** des formulaires que nous devons remplir avant la fin de la semaine. Elle viendra les _____ vendredi.

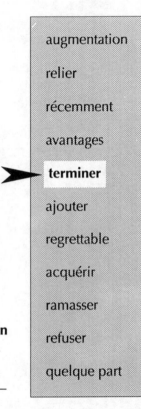

augmentation

relier

récemment

avantages

terminer

ajouter

regrettable

acquérir

ramasser

refuser

quelque part

CHAPITRE 18

Vocabulaire

matériel *(m.)*

représentant *(m.)*

se retrouver

chef d'entreprise *(m.)*

caractéristique *(f.)*

perfectionnement *(m.)*

Expressions

« Vous tombez bien ! »

« C'est remarquable ! »

AU SALON DE LA BUREAUTIQUE

Tous les ans, Eurotech présente ses nouvelles machines au Salon de la Bureautique, une exposition de matériel de bureau qui a lieu à Paris au mois de mars. Viviane Andriot, directrice des ventes d'Eurotech, et ses représentants s'y retrouvent pendant les trois jours de l'exposition. Ils sont là pour renseigner les clients qui s'intéressent à leurs produits.

M. Rochefort, chef d'une petite entreprise, s'arrête au stand Eurotech.

Mme Andriot : Bonjour, monsieur. Je peux vous renseigner peut-être ?

M. Rochefort : Oui, s'il vous plaît. J'aimerais des informations sur vos photo-copieurs couleur.

Mme Andriot : Vous tombez bien ! Nous venons juste de lancer sur le marché notre nouveau modèle de copieur couleur, le XL220. Puis-je vous faire une démonstration ?

M. Rochefort : Volontiers !

Mme Andriot fait quelques photocopies et elle explique en même temps à M. Rochefort les différentes caractéristiques de la machine et les perfectionnements qui ont été apportés.

Mme Andriot : Comme vous pouvez le voir, il n'y a aucune différence entre l'original et la photocopie.

M. Rochefort : C'est remarquable ! Auriez-vous des brochures ?

Mme Andriot : Mais, bien sûr ! Voilà, monsieur. Pour votre information, nous avons des dépositaires dans toute la France et ils recevront les premières machines la semaine prochaine.

M. Rochefort : Merci beaucoup pour toutes ces informations !

EXERCICE 35

1. Au Salon de la Bureautique, _____.

   a) on parle des affaires des entreprises
   b) on peut voir du matériel de bureau
   c) les gens restent toute la journée

2. Au stand d'Eurotech, on peut voir _____.

   a) uniquement le XL220
   b) tous les représentants de la société
   c) le nouveau matériel de bureau que la société veut vendre

3. Mme Andriot veut _____.

   a) voir la démonstration de M. Rochefort
   b) vendre quelques photocopieurs à M. Rochefort
   c) montrer à M. Rochefort les perfectionnements du XL220

4. M. Rochefort _____.

   a) ne peut voir aucune différence entre l'original et la photocopie
   b) n'est pas satisfait de la démonstration de Mme Andriot
   c) va acheter un photocopieur couleur aujourd'hui

5. La première livraison du XL220 arrivera bientôt chez _____.

   a) M. Rochefort
   b) les dépositaires Eurotech de France
   c) tous les dépositaires Eurotech européens

EXERCICE 36

Exemple : Richard Cartier est très connu dans le **_domaine_** de l'informatique.

1. Le _____ sur le marché de la nouvelle Renault est prévu pour le printemps de l'année prochaine.

2. Ma société vient de _____ un contrat avec une société d'électronique japonaise.

3. Pour assurer le bon _____ de ce photocopieur couleur, vous devrez utiliser du papier spécial.

4. Si vous allez au Salon de l'Informatique, vous pourrez rencontrer les _____ de nombreuses entreprises françaises et étrangères.

5. Avant de continuer, j'aimerais faire une _____ pour savoir où en est tout le monde.

6. À partir du mois de janvier, le poste de M. Forestier sera _____.

7. Dans notre région, les banques offrent des conditions spéciales aux jeunes _____ qui veulent emprunter de l'argent pour leurs sociétés.

améliorer
fonctionnement
chefs d'entreprise
résoudre
domaine
passer
supprimer
innover
lancement
mise au point
représentants

8. Les relations entre M. Martel et M. Lucas se sont bien _____. C'est important quand on travaille en équipe.

9. Pour _____ les problèmes de votre système informatique avant demain matin, il faudra faire venir une équipe de techniciens qui travaillera toute la nuit.

10. Si on veut être parmi les meilleurs, il faut savoir _____ et toujours être à la recherche de nouvelles idées.

Exercice 1   1. b 2. a 3. c 4. a

Exercice 2   1. réceptionniste 2. visite 3. journée 4. travailler 5. répondre
6. lentement 7. produire 8. photocopieur 9. expliquer
10. patienter

Exercice 3   1. b 2. a 3. b 4. b 5. c 6. a

Exercice 4   1. Bon courage 2. Un instant, s'il vous plaît 3. Quel dommage
4. Ça veut dire 5. on y va 6. Je crois que non 7. C'est formidable
8. Bien sûr 9. quelle surprise 10. Je m'excuse

Exercice 5   1. c 2. b 3. a 4. c 5. a 6. c

Exercice 6   1. déjà 2. sans 3. en fin 4. pas assez 5. quitté 6. occupé 7. trouvé
8. jamais 9. vendeurs 10. reçue

Exercice 7   1. b 2. a 3. c 4. c 5. c

Exercice 8   1. assister 2. d'accord 3. renseignements 4. urgent 5. chèque
6. convient 7. ancien 8. garantir 9. tarifs 10. livraison

Exercice 9   1. c 2. a 3. c 4. a 5. b

Exercice 10   1. à la chaîne 2. difficile de 3. chercher 4. par correspondance 5. à
la pointe 6. comme d'habitude 7. il faut 8. de temps en temps
9. sous 10. escale

Exercice 11   1. Il travaille à l'entrepôt de la société Eurotech. 2. Il contrôle toutes
les livraisons de marchandises qui arrivent à l'usine. 3. Il l'explique
à un stagiaire. 4. Il vient de chez Prolab. 5. En général, on le
prévient quelques jours à l'avance. 6. C'est la liste des marchandises
du chargement. 7. Il le signe. 8. Il l'informe de l'arrivée des
marchandises. 9. Il envoie une copie du bordereau de livraison à la
comptabilité. 10. Ils les mettent au fond de l'entrepôt.

Exercice 12   1. contrôler 2. accompagner 3. emploi 4. faire des achats
5. fabrique 6. patienter 7. prévenir 8. a envie 9. cartons
10. appelera

Exercice 13   1. a 2. b 3. a 4. c 5. b

Exercice 14   1. réclamations   2. s'occupe   3. ouvriers   4. contrat   5. fournisseur
6. bordereau   7. stagiaires   8. performant   9. conditions
10. concurrents

Exercice 15   1. c   2. b   3. b   4. b   5. a

Exercice 16   1. distribution   2. offre   3. transporter   4. camionneurs
5. affranchissement   6. charger   7. modernisée   8. exclusivité
9. entrepôt   10. informé

Exercice 17   1. c   2. b   3. c   4. a   5. b

Exercice 18   1. à   2. à   3. de   4. à   5. de   6. De   7. à   8. de   9. de   10. à

Exercice 19   1. b   2. b   3. c   4. a   5. b

Exercice 20   1. mettons-nous au travail   2. c'est fait   3. à tout à l'heure   4. Ce n'est
pas possible   5. impressionnant   6. ça n'arrête pas   7. À mon avis
8. j'ai entendu dire   9. Ce n'est pas la peine   10. ferai part

Exercice 21   1. Elle y travaille depuis dix ans.   2. Au début, elle travaillait à la
comptabilité clients.   3. Actuellement, elle travaille à la comptabilité
fournisseurs.   4. Elle doit vérifier si les marchandises qu'Eurotech a
commandées sont bien arrivées.   5. Elle l'appelle parce qu'elle n'a
pas de bordereau de livraison pour une des factures de la société
Prolab.   6. Elle lui demande de donner une preuve de cet envoi.   7. Il
la cherche sur son ordinateur.   8. Il va se renseigner et rappeler Mme
Bouchard dans quelques minutes.

Exercice 22   1. pièces   2. factures   3. certitude   4. paiement   5. posté   6. noté
7. actuel   8. renseigné   9. discussions   10. lancer

Exercice 23   1. a   2. c   3. b   4. a

Exercice 24   1. savez   2. connaîtrez   3. savons   4. savez ; savoir   5. connais
6. saurai   7. connaissait   8. connaît   9. savais   10. connaît

Exercice 25   1. a   2. c   3. b   4. a

Exercice 26   1. dépositaires   2. prévisions   3. conseil d'administration   4. locaux
5. après-vente   6. délai   7. conforme   8. contretemps   9. méritez
10. envoi différé

Exercice 27   1. c   2. b   3. c   4. b   5. a

Exercice 28   1. retard   2. conseiller   3. doubler   4. agrandissement   5. accès 6. intégrer   7. fournit   8. travaux   9. satisfait   10. installation

Exercice 29   1. b   2. a   3. c   4. c

Exercice 30   1. puis   2. restons   3. dès   4. en   5. tiens   6. de côté   7. ravie 8. dépend   9. avis   10. entendu

Exercice 31   1. Il occupe le poste de directeur commercial à Eurotech.   2. Il est responsable des services marketing, ventes et après-vente.   3. Elle était en train de mettre au point les derniers détails de la stratégie de commercialisation.   4. Elle doit être revue parce qu'il va y avoir des changements.   5. Elle est surprise parce qu'ils n'en ont jamais fait avant.   6. Il augmentera de très peu.   7. Elle peut ajouter un mailing avec seulement une petite augmentation de budget si elle supprime les publicités télévisées et les remplace par des publicités à la radio. 8. Elle sera prête à la fin de la semaine.

Exercice 32   1. b   2. a   3. b   4. c   5. c   6. a   7. c   8. a   9. b   10. a

Exercice 33   1. c   2. a   3. a   4. b

Exercice 34   1. récemment   2. acquis   3. ajouter   4. augmentation   5. quelque part 6. refuse   7. regrettable   8. avantages   9. reliait   10. ramasser

Exercice 35   1. b   2. c   3. c   4. a   5. b

Exercice 36   1. lancement   2. passer   3. fonctionnement   4. représentants   5. mise au point   6. supprimé   7. chefs d'entreprise   8. améliorées 9. résoudre   10. innover